Causas de la Revolución

Jill K. Mulhall, M. Ed.

Índice

▲ Patrick Henry habla a los líderes de Virginia.

El largo camino hacia la independencia

Las personas que vivían en América del Norte durante la época colonial estaban cada vez más enojadas con las leyes y los impuestos que consideraban injustos. Se defendieron de diferentes maneras. Algunas se unieron en protestas. Otras escribieron palabras poderosas. Estos líderes inspiraron a los colonos a crear su propio país.

El crisol de razas

Más de dos millones de personas vivían en las 13 colonias británicas a mediados del siglo XVIII. Algunas habían nacido en el Nuevo Mundo, mientras que otras habían cruzado el peligroso océano para formar un nuevo hogar.

Estos colonos llegaron de diferentes países. Muchos eran de Inglaterra. Algunos llegaron desde Escocia, Irlanda, Alemania y Holanda.

Varios de estos países habían tenido problemas entre sí durante mucho tiempo. Incluso habían combatido guerras. Pero en las colonias, las cosas eran diferentes. Las personas trabajaban duro para construir viviendas y aprender nuevas

▼ Inmigrantes parten desde la vieja Inglaterra hacia América del Norte

Un nuevo tipo de familia

Algunos colonos se casaron con personas que habían llegado de otros países. Luego, tuvieron hijos. Por ejemplo, se podía encontrar un niño que fuera mitad escocés y mitad alemán. Esto ayudó a unir a los colonos aún más rápido.

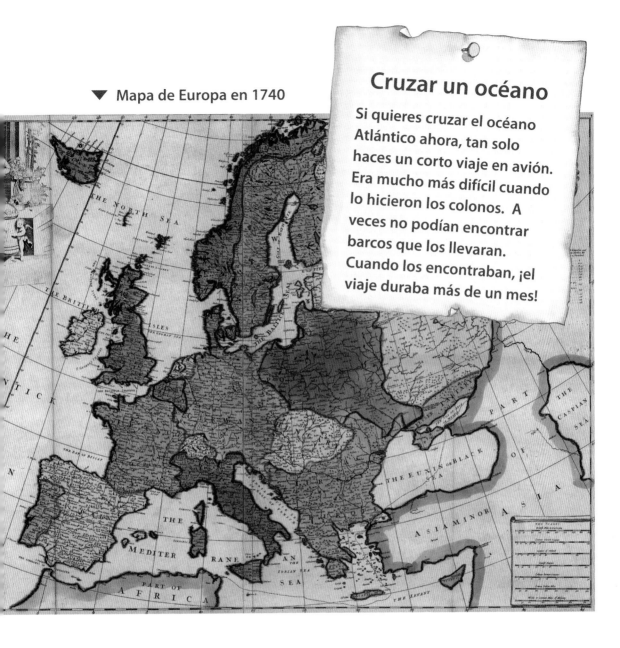

▼ Mapa de Europa en 1740

Cruzar un océano

Si quieres cruzar el océano Atlántico ahora, tan solo haces un corto viaje en avión. Era mucho más difícil cuando lo hicieron los colonos. A veces no podían encontrar barcos que los llevaran. Cuando los encontraban, ¡el viaje duraba más de un mes!

habilidades. No tenían tiempo para preocuparse por cosas que habían sucedido hacía mucho tiempo.

Las personas de América del Norte comenzaron a pensar que no importaba de dónde vinieran. Vivían en colonias que eran gobernadas por Gran Bretaña. Por eso con orgullo, se llamaban a sí mismos **ciudadanos** británicos.

▲ Batalla durante la guerra franco-india en Pensilvania

Madre Inglaterra

Los colonos confiaban en Gran Bretaña para que los ayudara en muchas cosas. Seguían las leyes y **costumbres** inglesas. Eran leales al rey de Gran Bretaña. Además, gozaban de la protección del ejército británico.

Algunas personas llamaban a Inglaterra la "Madre patria". Querían manifestar que Inglaterra era como una madre. Te ama y te ayuda, pero también te hace saber que ella es quien manda.

En la década de 1750, Gran Bretaña entró en guerra con Francia. Ambos países querían ver, de una vez por todas, qué país controlaría el Nuevo Mundo. Francia tenía muchos indígenas que peleaban de su lado. Por ello, los colonos británicos llamaron a la guerra, la guerra franco-india.

Gran Bretaña ganó la guerra, de modo que controló todas las tierras desde el océano Atlántico hasta el río Misisipi y desde Georgia hasta Maine. Esto hizo que el Nuevo Mundo fuera más seguro para los colonos británicos. Los colonos comenzaron a pensar que ya no necesitaban a su "Madre" para que los protegiera.

▼ Mapa de asentamientos británicos y franceses en América del Norte

Expansión hacia el oeste

Después de la guerra, las personas se sintieron seguras para desplazarse hacia nuevos territorios en el Oeste. El problema fue que los indígenas ya vivían allí. Los nuevos colonizadores mataron a muchos de los indígenas y tomaron sus tierras. Los colonizadores se enojaron cuando el rey trató de restringir su expansión hacia el oeste.

Acabar con la ley del timbre

La guerra franco-india fue muy costosa para Gran Bretaña. El **gobierno** decidió que necesitaba recaudar algo de dinero. Entonces, el **Parlamento** promulgó un impuesto especial solo para los colonos de América del Norte. Se llamó la ley del timbre.

La ley exigía que las personas en América del Norte compraran un timbre especial para poner en todo papel impreso. Esto incluía cosas como periódicos, licencias matrimoniales e incluso barajas.

¡Ay!

El comportamiento de algunos colonos fue muy cruel. A algunos recaudadores de impuestos incluso les arrojaron alquitrán y plumas. Les ponían alquitrán pegajoso y caliente sobre todo el cuerpo. Luego, los cubrían con plumas. Era muy doloroso.

Esto enojó mucho a los colonos. "¡Nosotros también somos ciudadanos!", pensaron. No querían pagar un impuesto que las personas de Inglaterra no tenían que pagar.

Por ello, los colonos hicieron algo inesperado. Se negaron a pagar el impuesto. Muchos de ellos se reunieron en grandes multitudes y asustaron a los hombres enviados para vender los timbres. Para cuando se suponía que oficialmente comenzaría la ley, ya no había nadie para cobrar el dinero.

Tributación sin representación

Las personas de las colonias no tenían **representantes** en el Parlamento. Esto significaba que nunca pudieron votar por ninguna ley de Gran Bretaña. Decidieron que no querían pagar impuestos a menos que pudieran votar al respecto.

▼ Protesta por la ley del timbre

No Stamped Paper to be had.

Un nuevo modo de defenders◄

Las personas de Inglaterra estaban sorprendidas por la reacción de los colonos ante la ley del timbre. Podían predecir que el impuesto no iba a funcionar. Por ello, el Parlamento **anuló** la ley.

Gran Bretaña todavía necesitaba dinero, así que aprobó un nuevo paquete de impuestos llamado leyes de Townshend. Estas leyes gravaban el vidrio, la pintura, el papel, el plomo y el té.

▼ Caricatura inglesa que muestra el funeral de la ley del timbre

Hecho en América del Norte

Los colonos se negarón a compr mercancías británicas. Pero aún así necesitaban muchos productos. Entonces aprendier a hacerlos en América del Norte. El boicot de hecho ayudó a que los colonos desarrollaran algun de sus primeras industrias.

Hijos de la Libertad

Por esos tiempos, algunos colonos comenzaron un nuevo grupo secreto. Los **Hijos de la Libertad** se reunían por la noche. Hablaban sobre su descontento con los británicos. También ayudaban a organizar algunos de los boicots.

Volante que incita a ▶ que los ciudadanos participen de un boicot

¿ January, 1770?

WILLIAM JACKSON,
an *IMPORTER*; at the
BRAZEN HEAD,
North Side of the TOWN-HOUSE,
and Oppofite the Town-Pump, in
Corn-hill, B O S T O N.

It is defired that the Sons and DAUGHTERS of *LIBERTY*, would not buy any one thing of him, for in fo doing they will bring Difgrace upon *themfelves*, and their *Pofterity*, for *ever* and *ever*, AMEN.

Una vez más, las personas de América del Norte se enojaron. Ninguna persona de Inglaterra tenía que pagar impuestos especiales por estos artículos. Los colonos no entendían por qué ellos deberían hacerlo. Muchas personas dieron discursos y escribieron artículos. Convencieron a los colonos de probar una nueva manera de defenderse. Los colonos estuvieron de acuerdo en hacer un **boicot** a las mercancías británicas. Significaba que no comprarían nada fabricado en Gran Bretaña.

El boicot funcionó. Pronto los comerciantes de Inglaterra se enojaron por perder sus negocios en las colonias. Hicieron que el gobierno anulara los impuestos.

Las cosas van demasiado lejos

Los líderes de Gran Bretaña se sintieron frustrados por el boicot. Decidieron hacer algo para aplacar toda esa insensatez en América del Norte. Entonces, enviaron 4,000 soldados a Boston. Eso significaba que había un **casaca roja** por cada tres colonos de la ciudad.

¿Crees que las personas de Boston estaban felices con esto? Los colonos fueron agresivos con los soldados. Los insultaban y les lanzaban cosas.

El 5 de marzo de 1770, un colono tuvo una pelea con un guardia británico. Comenzó como algo pequeño, pero luego, más y más personas se unieron a la pelea. Las personas de la ciudad comenzaron a empujar. Lanzaron piedras y hielo al soldado. Pronto llegaron otros ocho soldados para ayudarlo.

▼ Grabado de Paul Revere de la masacre de Boston

Propaganda

Ambos lados estuvieron equivocados ese triste día. Pero los colonos culparon a los soldados. Las personas distorsionaron los hechos de lo que ocurrió. Un impresor llamado Paul Revere hizo un famoso **grabado**. Muestra a los soldados disparando sin motivo. Esta imagen ayudó a difundir una idea incorrecta.

Los soldados estaban asustados por la bulliciosa multitud.
e pusieron nerviosos. Cuando alguien gritó: "¡Fuego!", los
oldados dispararon hacia la multitud. Murieron cinco colonos.
as personas enfurecidas llamaron a esto la masacre de Boston.

▼ Placa en el Monumento a la Masacre de Boston

AMERICANS!
BEAR IN REMEMBRANCE
The HORRID MASSACRE!
Perpetrated in King-ftreet, BOSTON,
New-England,
On the Evening of March the Fifth, 1770.
When FIVE of your fellow countrymen,
GRAY, MAVERICK, CALDWELL, ATTUCKS,
and CARR,
Lay wallowing in their Gore!
Being *bafely*, and moft *inhumanly*
MURDERED!
And SIX others badly WOUNDED!
By a Party of the XXIXth Regiment,
Under the command of Capt. Tho. Preston.
REMEMBER!
That Two of the MURDERERS
Were convicted of MANSLAUGHTER!
By a Jury, of whom I fhall fay
NOTHING,
Branded in the hand!
And *difmiffed*,
The others were ACQUITTED,
And their Captain PENSIONED!
Alfo,
BEAR IN REMEMBRANCE
That on the 22d Day of February, 1770
The infamous
EBENEZER RICHARDSON, Informer,
And tool to Minifterial hirelings,
Moft *barbaroufly*
MURDERED
CHRISTOPHER SEIDER,
An innocent youth!
Of which crime he was found guilty

John Adams

Hacer lo correcto

Los soldados de la masacre de Boston fueron a juicio por homicidio. Un reconocido abogado, John Adams, los defendió. Algunas personas pensaron que Adams ayudaba al lado incorrecto. Pero él pensaba que todas las personas debían tener un juicio justo. Al final, los soldados fueron hallados inocentes.

Fiesta sorpresa

¿Recuerdas cómo anuló el Parlamento las leyes de Townshend? Cuando lo hicieron, decidieron mantener el impuesto sobre el té. Esto fue para mostrar a los colonos que Gran Bretaña todavía tenía el poder para recaudar impuestos de sus ciudadanos.

Los colonos sabían exactamente lo que tramaban sus líderes. Y no les gustaba. Algunos colonos rechazaron comprar té británico durante más de cinco años.

Entonces, el Parlamento promulgó algo llamado la ley del té. Esta ley permitía que solo algunos dueños de negocios pudieran **importar** y vender té. Los colonos no querían que Gran Bretaña tuviera tanto control sobre su **economía**.

Algo nuevo para probar

Los primeros estadounidenses bebían mucho té. Durante el boicot, probaron chocolate caliente y café. Estas bebidas no eran populares al principio. Pero pronto alcanzaron popularidad.

▼ Muñeco de un recaudador de impuestos colgado a modo de protesta

Un hombre de Boston llamado Samuel Adams dio muchos iscursos. Enardecía a las personas y las hacía enojar con los deres de Gran Bretaña. Era un miembro de los Hijos de la ibertad. Estos hombres **protestaron** en las calles.

Una noche, en diciembre de 1773, algunos hombres se vistieron omo indígenas y subieron a bordo de barcos en el puerto de Boston. Abrieron 342 baúles de té y lo tiraron todo en el puerto. as personas aclamaron esta "motín del té de Boston".

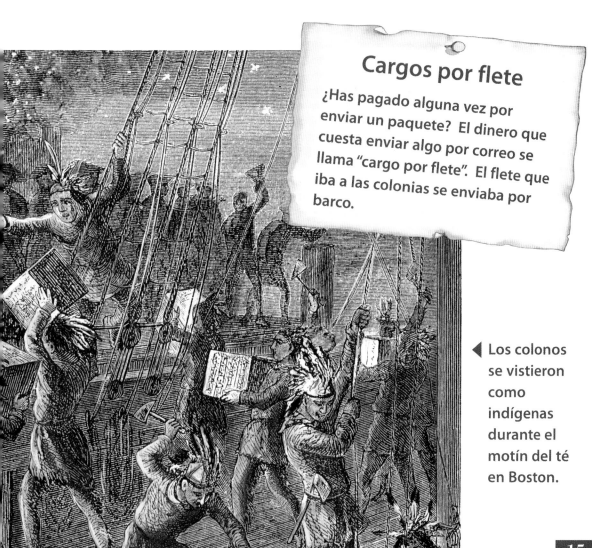

Cargos por flete

¿Has pagado alguna vez por enviar un paquete? El dinero que cuesta enviar algo por correo se llama "cargo por flete". El flete que iba a las colonias se enviaba por barco.

◄ Los colonos se vistieron como indígenas durante el motín del té en Boston.

El plan del rey fracasa

Después del motín del té de Boston, el rey Jorge III y su gobierno decidieron tomar medidas duras en las colonias. Aprobaron varias leyes nuevas severas que disgustaron a los colonos. Los colonos llamaron a estas nuevas leyes las leyes intolerables.

Una de estas leyes cerró el puerto de Boston. Ya ninguna persona podría pescar ni usar el océano para comerciar. Esto dejó a la mitad de las personas de Boston sin trabajo.

▼ Rey Jorge III de Inglaterra

Al rescate

Otros colonos se sintieron mal por las personas de Boston. Les enviaron comida y dinero. Esta fue una de las primeras veces en que las diferentes colonias trabajaron unidas.

Otra ley forzó a los colonos a que permitieran que los soldados británicos se instalaran en sus hogares. Otras leyes nuevas redujeron la libertad que tenían los colonos para gobernarse a sí mismos.

Pero el rey había cometido un grave error. Muchas personas de América del Norte se habían mantenido al margen de los problemas con Gran Bretaña. Nunca antes habían tenido un motivo para luchar. Estas leyes causaron tanto disgusto que más y más personas comenzaron a pensar en ser libres.

▼ Grabado en el que barcos británicos cierran el puerto de Boston

Otro significado

En la actualidad, un patriota es una persona que ama a su país. Pero los colonos daban otro significado a la palabra. Para ellos, **patriotas** eran las personas que decían lo que pensaban contra los británicos.

Trabajo en conjunto

Muchas personas de las colonias habían decidido que las cosas debían cambiar. Pero no sabían cuál debería ser el paso siguiente.

En 1774, los colonos decidieron realizar una asamblea. En ella, personas de diferentes colonias pudieron hablar sobre los problemas con Gran Bretaña.

Conocidos **delegados** de las colonias fueron al primer **Congreso Continental**. Todos tenían ideas diferentes. Pero se escucharon entre sí. Algunos de ellos incluso se hicieron amigos.

▼ Tres delegados de Virginia camino al primer Congreso Continental

Caminos dificultosos

Había pocos caminos en las colonias. Los que existían estaban muy lodosos y desnivelados; por eso las personas casi nunca viajaban. En 1775, Benjamin Franklin se convirtió en el primer director general de correos. Trabajó para mejorar los caminos para que el correo pudiera llegar.

Juntos escribieron un mensaje al rey Jorge. Lo llamaron la Carta de Derechos y Agravios. Explicaba de manera educada todas las quejas de los colonos. El rey se negó incluso a leerla.

Los delegados supieron que se aproximaba una lucha. Dijeron a los líderes de las colonias que comenzaran a formar **milicias**.

Reunión a mitad de camino

Los colonos querían ser justos. Por ello, realizaron el primer Congreso Continental en Filadelfia. Estaba a mitad de camino entre Nueva Inglaterra y las colonias del Sur.

▲ Lugar del primer Congreso Continental en Filadelfia, Pensilvania

¿Qué debemos hacer ahora?

Los colonos organizaron muchos ejércitos pequeños. Esto enojó a los soldados británicos. El 19 de abril de 1775, los casacas rojas marcharon a Lexington, Massachusetts. Planeaban **confiscar**, o tomar, armas ocultas allí.

Un grupo de milicia colonial esperó a los británicos. Nadie sabe quién hizo el primer disparo. Pero pronto, ambos lados se enfrentaron. Siguieron muchas otras batallas.

Comandante en jefe

Los delegados necesitaban un líder fuerte para su ejército. Eligieron a un hombre de Virginia llamado George Washington. Partió de inmediato para unirse a sus soldados.

Los colonos se preguntaban: "¿Qué debemos hacer ahora?".
Una cosa era hablar sobre independizarse de Inglaterra. Otra
diferente era luchar para formar un país nuevo.

Convocaron otra asamblea, el segundo Congreso Continental.
Primero, los delegados se preocuparon por estar listos para
luchar. Organizaron los ejércitos pequeños en un gran Ejército
Continental. Luego, pasaron un largo tiempo debatiendo sobre lo
siguiente que debían hacer las colonias.

▼ Batalla de Lexington en abril de 1775

Superados en cantidad

No todos en las colonias querían luchar. Miles de personas eran leales al gobierno británico. Estos lealistas pasaron tiempos difíciles durante la guerra. Muchos de ellos perdieron todas sus propiedades.

El poder de las palabras

Los colonos pensaron en hacer algo que nunca se había hecho antes. Pero tenían muchas inquietudes.

¿Cómo podrían algunas pocas colonias dispersas derrotar la poderosa Gran Bretaña? Si ganaban, ¿qué harían sin un rey que les dijera cómo vivir? ¿Podrían realmente elegir sus propios líderes?

Un hombre llamado Thomas Paine escribió un **panfleto** titulado *El sentido común*. Explicaba las cosas de manera sencilla. Señalaba que los gobiernos dirigidos por reyes no funcionaban

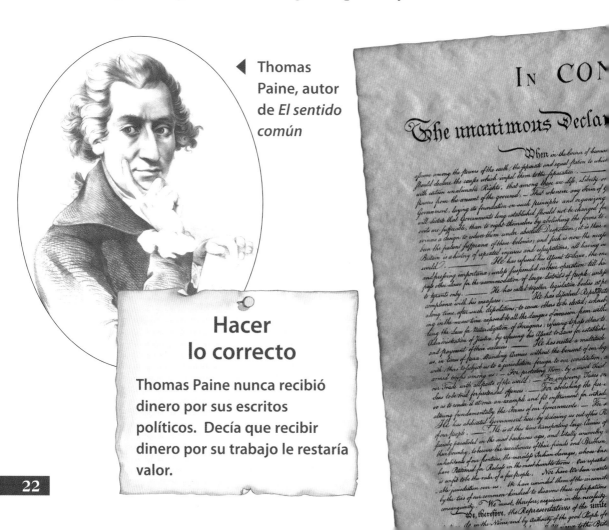

◀ Thomas Paine, autor de *El sentido común*

Hacer lo correcto

Thomas Paine nunca recibió dinero por sus escritos políticos. Decía que recibir dinero por su trabajo le restaría valor.

ien. Paine también sostenía que era absurdo que una pequeña isla
3,000 millas (4,830 km) de distancia estuviera a cargo de América
el Norte.

El sentido común vendió muchas copias en poco tiempo.
yudó a convencer a los colonos de que lo mejor que se debía
acer era romper vínculos con Inglaterra.

En julio de 1776, el Congreso Continental envió la Declaración
e Independencia al rey Jorge. Ya no eran ciudadanos británicos.
'a no eran colonos. Eran estadounidenses.

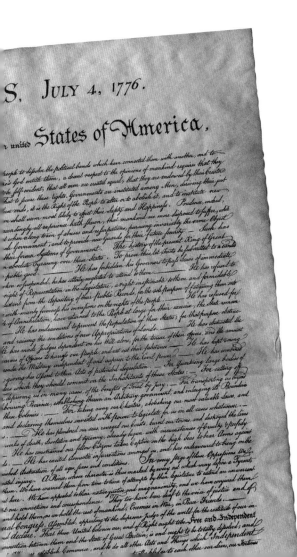

Un discurso inspirador

Un abogado llamado Patrick
Henry también influyó en muchas
personas. Dio un famoso discurso
en Virginia. Dijo que no había
nada más importante que la
libertad. "En cuanto a mí, ¡denme
libertad o denme muerte!".

Glosario

anuló: desestimó, canceló

boicot: dejar de comprar o usar algo por razones políticas

casaca roja: soldado británico, llamado así debido la casaca roja de su uniforme

ciudadanos: personas que son leales a un país y que a cambio reciben su protección

confiscar: tomar algo que pertenece a otra persona sin permiso

Congreso Continental: las primeras reuniones gubernamentales en América del Norte

costumbres: hábitos y prácticas de un grupo de personas

delegados: personas que son enviadas a una reunión para hablar en nombre de un grupo más grande de personas

economía: las actividades de un país que están relacionadas con el dinero

gobierno: las personas y organizaciones que dirigen un país

grabado: un diseño que se corta o talla en metal o madera

Hijos de la Libertad: colonos que protestaron en contra de las acciones de los líderes británicos

importar: usar barcos para ingresar mercancías a un país

lealistas: personas que apoyaban al gobierno británico durante la Revolución estadounidense

milicias: ejércitos formados por personas comunes y corrientes que no reciben un pago por ser soldados

panfleto: un libro breve con una tapa de papel

Parlamento: un grupo de personas que crean las leyes en Gran Bretaña

patriotas: personas que vivían en las colonias y luchaban contra el dominio británico

protestaron: objetaron o lucharon contra algo

representantes: miembros del gobierno, por lo general, los que fueron elegidos por el voto para que actuaran en nombre de otros

territorios: áreas de tierra fuera de las fronteras coloniales oficiales